Silke Kobold

ECHT MINI!

Kleine Figuren aus Tonpapier

frechverlag

Im frechverlag sind zahlreiche weitere Titel zur kreativen Freizeitgestaltung erschienen. Hier eine Auswahl:

TOPP 2081

TOPP 1724

TOPP 1947

TOPP 1713

TOPP 1857

TOPP 2008

Fotos: frechverlag GmbH + Co. Druck KG, 70499 Stuttgart; Fotostudio Weisensel, Stuttgart

Auflage: 5. 4. 3. 2. 1. | Letzte Zahlen
Jahr: 2001 2000 1999 98 97 | maßgebend

frechverlag GmbH + Co. Druck KG, 70499 Stuttgart

ISBN 3-7724-2182-2 · Best.-Nr. 2182

Druck: frechverlag GmbH + Co. Druck KG, 70499 Stuttgart

ECHT MINI

sind diese Motive aus Tonpapier – und sie haben es in sich! In diesem Buch stelle ich Ihnen neben diesen kleinen Figuren Anwendungsbeispiele für viele Gelegenheiten vor. Lassen Sie sich von den zahlreichen Ideen zum Basteln anregen.

Die Dekorationsvorschläge zu verschiedenen Anlässen sind schnell nach eigenen Vorstellungen variierbar. Bis auf eine Ausnahme können alle Teile der leicht nachzuarbeitenden Figuren mit der Schere ausgeschnitten werden. Es fällt nicht schwer, auch Kinder für diese Bastelarbeiten zu motivieren! Erfahrungsgemäß sollte die Vorlage dann mit einem Kopiergerät entsprechend der Altersgruppe vergrößert werden.

Ich wünsche Ihnen viel Spaß und freue mich mit Ihnen, wenn Sie bei nächster Gelegenheit jemandem mit einer mini Bastelei eine riesige Freude bereiten.

Ihre

Silke Kobold

MATERIAL UND WERKZEUG

Für alle Motive benötigen Sie:

- Tonpapier oder Künstlerkarton (130–170 g/m^2)
- Fotokarton-Reste (300 g/m^2)
- Transparentpapier
- Schere
- Klebestift, z. B. UHU stic
- Tropffreien Klebstoff, z. B. UHU extra
- Bleistift
- Schwarzen Filzstift mit sehr dünner Spitze
- Einfädiges Stickgarn (wahlweise Nähgarn) in verschiedenen Farben

Folgende Materialien werden nicht für alle Motive benötigt:

(bitte jeweils Foto bzw. Anleitung beachten)

- Kordel oder Band (Lesezeichen)
- Schwarzer Filzstift mit breiter Mine (am besten Kalligraphie-Stift)
- Filzstifte in Braun und Rot
- Buntstifte in Weiß, Rosa, Grün und Gelb
- Locher oder Lochzange
- Lineal
- Cutter (Kohlmeise)
- Schaschlikstäbe
- Holzstäbe, rund oder eckig (Mobiles)
- Nylonband

Nicht unbedingt erforderlich, aber sehr nützlich:

- Lackstifte in Weiß und Gold
- Buchstaben aus Papier zum Aufkleben
- Schmales Satinband

Karton

Für alle vorliegenden Motive wurde Künstlerkarton verwendet. Er hat ein Gewicht von 170 g/m^2 und läßt sich – wie hier erforderlich – gut doppelt ausschneiden. Außerdem ist er hoch lichtecht und weist eine Struktur auf, die den Gesamteindruck des Motivs aufwertet.
Selbstverständlich können Sie auch andere Papiersorten, z. B. Tonpapier verwenden, sollten dabei aber die Stärke des Papiers beachten. Diese sollte nicht wesentlich mehr als 170 g/m^2 bzw. nicht weniger als 130 g/m^2 betragen.

SCHRITT FÜR SCHRITT ERKLÄRT

Herstellung von Schablonen

Übertragen Sie mit dem Bleistift alle benötigten Teile des Motivs vom Vorlagenbogen auf das Transparentpapier. Dieses wird flächendeckend mit dem Klebestift bestrichen und anschließend auf einem Stück Fotokarton fixiert. Schneiden Sie dann alle Teile sorgfältig aus, und beschriften Sie diese vorsorglich mit der jeweiligen Bezeichnung. Dies sind Ihre Schablonen, die Sie beliebig oft verwenden können (siehe Foto 1).

Ausschneiden der Teile

Wichtig: Bei fast allen Motiven werden Teile doppelt ausgeschnitten, damit sie beim Zusammenkleben genau aufeinander passen. Bedienen Sie sich hierzu folgender Arbeitsschritte:

- Legen Sie die Schablone auf den gewünschten Bastelkarton, und übertragen Sie mit einem Bleistift die Außenlinien. Welche Farben das Papier, das Sie für die jeweilige Figur verwenden können, hat, sehen Sie auf den Fotos. Oder Sie probieren einfach andere Farbtöne aus!
- Der Karton wird so gefaltet, daß das Motiv doppelt aufliegt (siehe Foto 2, Seite 6).
- Beginnen Sie den Schneidevorgang an der geschlossenen Seite des Kartons. Damit wird verhindert, daß die beiden aufeinanderliegenden Hälften des Motivs verrutschen (siehe Foto 2, Seite 6).
- Schneiden Sie nun die anderen, zur Figur gehörenden Teile aus. Die offenen Enden des Aufhängefadens (doppelte Länge) werden ein wenig ineinander verdreht (siehe Foto 3, Seite 6).

Foto 1

Foto 2

Foto 3

Aufkleben der Teile

Nehmen Sie dann den Vorlagenbogen zur Hand, damit Sie die Position des Aufhängefadens und der Körperteile bestimmen können. Nun werden die einzelnen Teile folgendermaßen mit tropffreiem Klebstoff zusammengeklebt:

➤ Die ausgeschnittene Grundform wird auf der Seite, auf der die Bleistiftstriche zu sehen sind, mit tropffreiem Klebstoff bestrichen.

➤ Der Faden und andere zwischen den beiden Hälften der Grundform zu plazierenden Teile werden eingelegt (z. B. die Mähne beim Esel oder der Kopf beim Maulwurf) (siehe Foto 3, Seite 6).

Achtung! Dieser Arbeitsschritt wird im Begleittext immer mit den Worten „einfügen" beschrieben und nicht noch einmal ausführlich erwähnt.

➤ Der zweite Teil des Körpers wird aufgeklebt.

➤ Außen auf die Grundform anzubringende Teile wie Ohren, Arme etc. werden aufgeklebt (siehe Foto 4).

In einigen Fällen wird die Grundform nur einmal benötigt. Das Einkleben des Fadens und der anderen Arbeitsschritte weichen dann von der üblichen Vorgehensweise ab. Die genauen Erklärungen finden Sie bei der jeweiligen Beschreibung.

Fertigstellen der Figur

Abschließend werden je nach Motiv (siehe Vorlagenbogen und Foto) weitere Ausführungen wie Augen, Innenlinien etc. mit den entsprechenden Stiften eingezeichnet (siehe Foto 4).

Achtung! Dieser Arbeitsschritt erfolgt grundsätzlich zuletzt und wird deshalb in den einzelnen Arbeitsbeschreibungen zu den jeweiligen Motiven nur in Ausnahmefällen extra erwähnt.

Hinweise zum Einzeichnen der Augen, der Innenlinien usw.

Fast alle Innenlinien und die Augen sollten mit einem dünnen schwarzen Filzstift eingezeichnet werden. Wenn Sie beim Zeichnen noch etwas unsicher sind, können Sie diese zunächst einmal mit dem Bleistift eintragen.

Damit die Augen lebendig wirken, ist es wichtig, daß diese mit einem Lichtpunkt versehen werden. Auf hellem Papier bietet es sich an, diesen Punkt beim Einzeichnen des Auges gleich frei zu lassen. Auf dunklerem Papier sollte zunächst mit einem weißen Stift (Buntstift) das Auge gemalt und dann wie oben beschrieben fertiggestellt werden.

Sie können allerdings auch die Lichtpunkte mit Hilfe eines weißen Lackstiftes einzeichnen (siehe Foto 5). Für einige Innenlinien bzw. Felder benötigen Sie ebenfalls einen weißen Buntstift (z. B. schwarzes Pferd, Teddy).

Bei einigen der gezeigten Motive ist es eine Arbeitserleichterung, wenn Sie einen Kalligraphiestift benutzen (z. B. für eine große Nase oder Hufe). Diese Stifte sind im Fachhandel in verschiedenen Breiten erhältlich. Sie können gleichfalls sehr gut für Beschriftungen von Karten und Namensschildern verwendet werden.

Hinweise zum Vorlagenbogen

- Die Reihenfolge der einzelnen Klebeschritte wird durch Ziffern beschrieben.
- Die Lage der einzelnen Teile sind auf der Grundform (Teil 1) durch gepunktete Linien ersichtlich gemacht.
- Die Position des Einhängefadens ist durch eine gestrichelte Linie kenntlich gemacht.

Foto 5

ANLEITUNGEN

Lesezeichen

Das Schnittmuster für Lesezeichen befindet sich auf dem Vorlagenbogen. Es wird, je nach Stärke des gewünschten Kartons, doppelt oder einfach ausgeschnitten. Am oberen Teil wird mit einem Locher oder einer Lochzange ein Loch für eine Kordel oder ein Band ausgestanzt.

Karten

Wer sich nicht die Mühe machen will, Karten selbst herzustellen, findet im gut sortierten Fachhandel Karten in verschiedenen Größen und vielen Farben. Allerdings ist die Herstellung nicht sehr zeitaufwendig, und es lohnt sich, für alle Fälle ein paar Schablonen bereitzulegen.
Für eine Karte im A6-Format benötigen Sie eine Pappschablone der Größe 21 cm x 15 cm. Für eine größere Karte sollte die Schablone 21 cm x 21 cm groß sein.
Falten Sie die aus beliebigem Bastelkarton ausgeschnittene Karte auf die halbe Größe. Bei sehr dunklen Karten benötigen Sie, falls der Grußtext nicht mit einem weißen Stift geschrieben werden soll, ein helles Innenblatt. Für eine Passepartout-Karte ist ebenfalls ein Innenblatt notwendig. Fertigen Sie dafür eine Schablone an, indem Sie die oben angegebenen Maße um jeweils 1 cm verkleinern.
Für den Ausschnitt bei einer Passepartout-Karte können Sie die verschiedensten Formen verwenden. Die im Buch gezeigten Ausschnitte finden Sie auf dem Vorlagenbogen.
Wichtig für die genaue Plazierung ist folgende Vorgehensweise: Zeichnen Sie in der Innenseite der Karte mit einem Bleistift die Mittellinien ein, ebenfalls auf der Schablone des Ausschnitts. Legen Sie dann den Ausschnitt entsprechend auf, zeichnen Sie ihn mit einem Bleistift nach, und schneiden Sie ihn mit Schere oder Cutter aus. Falls Sie wünschen, daß das Motiv der Karte später als Anhänger Verwendung finden soll, fügen Sie noch den Aufhängefaden zwischen den beiden Teilen der Karte ein.

Tischkarten und Stecker

Das Schnittmuster für die Tischkarten befindet sich auf dem Vorlagenbogen. Der Bastelkarton wird gefaltet, der Umriß auf die eine Seite übertragen und ausgeschnitten. Die Bruchkante befindet sich dabei an der Faltlinie.
Die Schrift habe ich mit einem weißen Lackstift ausgeführt. Sie können dafür aber auch einen Buntstift verwenden oder die Schrift mit Klebebuchstaben aufsetzen. Das entsprechende Motiv wird unten nicht zusammengeklebt und dann auf dem Tischkärtchen mit Klebstoff fixiert.
Mit einem Stecker (Schaschlikstab) versehene Motive benötigen keinen Aufhängefaden. Stattdessen wird beim Zusammenkleben der Grundform ein Schaschlikstab (gestrichelte Fadenlinie nach unten verlängern) eingefügt.

Namensschilder für Stecker

Zeichnen Sie zunächst mit einem Bleistift einen Streifen von 2 cm Breite auf einen Bogen Papier. Dann können Sie den entsprechenden Namen eintragen (z. B. mit einem Kalligraphiestift 2 mm). Erst dann wird das Papier doppelt gelegt und das Schild ausgeschnitten.
Für das große Namensschild des Geburtstagskindes sollte der Streifen 3 cm breit sein.

TIPS UND TRICKS

➤➤➤

Beim Zusammenkleben der einzelnen Teile sollten Sie den Klebstoff eher sparsam verwenden und diesen nicht direkt am Rand des Papiers anbringen, damit er später nicht hervorquillt. Bedenken Sie, daß Papier ein sehr leichter Werkstoff ist und folglich schon eine geringe Menge des Klebstoffs ausreicht, um ihn zu fixieren. Zudem erreichen Sie durch die sparsame Verwendung, daß einige Details, wie z. B. Flügel plastischer wirken.

➤➤➤

Werden Teile mehrfach benötigt, wird Ihnen die Arbeit schneller von der Hand gehen, wenn Sie sich des Prinzips der Fließbandarbeit bedienen. Das heißt: erst alles aufzeichnen, dann alles ausschneiden, alle Aufhängefäden bereitlegen usw.

Selbstverständlich brauchen Motive, welche Sie zum Aufkleben auf Karten oder ähnliches verwenden wollen, nicht zweiseitig gearbeitet, d. h. doppelt ausgeschnitten werden.

EIN WINTERLICHES MOBILE

Statt eines üblichen Aufhängefadens wurden die Motive mit einem unsichtbaren Nylonfaden (Gesamtlänge ca. 1,5 m) versehen, der durch die Figuren hindurchgeführt wird. Das bedeutet, daß, entgegen der Beschreibung des Schneemanns, der Faden bereits beim Zusammenkleben von Teil 1 (Körper) und beim Pinguin beim Zusammenkleben der Teile 1 und 2 eingefügt werden muß.

Zunächst wird der Nylonfaden abgeschnitten und dann die Figuren gearbeitet und aufgeklebt.

Der Abstand der einzelnen Motive zueinander beträgt 5 cm. Die drei Fäden mit den Figuren werden an ein Rundholz (ca. 30 cm lang), an dem ein weiterer Nylonfaden zum Aufhängen des Mobiles befestigt ist, geknotet.

Pinguin

- Teil 1, 2, 3, 4 und 5 einmal, Teil 6 und 7 doppelt ausschneiden.
- Teil 2 auf Teil 1 kleben.
- Teil 3 vorne auf Teil 2 und Teil 4 auf der Rückseite von Teil 1 anbringen.
- Teil 5 und 6 aufkleben.
- Teil 7 vorne und hinten anbringen, dabei Faden einfügen.

Eisbär

- Teil 1 und 2 doppelt ausschneiden.
- Teil 1 zusammenkleben, Faden dabei einfügen.
- Teil 2 auf beiden Seiten anbringen.

*Ob am Fenster oder im Raum –
dieses Mobile verschönt auch die
eisigsten Wintertage!*

Schneemann

- Teil 1 und 5 doppelt; Teil 2, 3 und 4 einmal ausschneiden.
- Beide Hälften von Teil 1 zusammenkleben.
- Augen, Mund, Arme und Knöpfe einzeichnen.
- Teil 2 vorne und Teil 3 hinten aufkleben.
- Teil 4 aufkleben.
- Teil 5 anbringen, dabei Faden einfügen.

GESCHENK-ANHÄNGER

Mit denselben Motiven wie für das Mobile können Sie hübsche Geschenkanhänger für den Nikolaustag, Weihnachten oder zum Geburtstag herstellen.
Die Anleitungen zu den einzelnen Figuren finden Sie auf Seite 11 und 12.

Als Lesezeichen, auf einem Heft und auf der Schultüte präsentiert sich der Teddy in zwei verschiedenen Größen.

BÄRIGER SPASS

Schultüte

Schultütenrohlinge sind im Fachhandel erhältlich. Bekleben Sie den Rohling mit passendem Geschenkpapier, und bringen Sie gelben Filz oder Kreppapier an der Öffnung an. Mit einem farblich abgestimmten Band und einem Teddy verschlossen, wird diese Schultüte zu einem Blickfang.

Lesezeichen

Wie das Lesezeichen hergestellt wird, wird auf Seite 9 beschrieben.

Hefteinband

Ein gelber Teddy schmückt hier einen Hefteinband. Da macht das Lernen richtig Spaß!

Teddy

- Teil 1 doppelt, Teil 2 einmal ausschneiden.
- Teil 1 zusammenkleben, dabei Faden einfügen.
- Teil 2 aufkleben.

WEN HAT DER KLAPPERSTORCH DA GEBRACHT?

Mit diesen hübschen Geburtskarten wird der neue Erdenbürger allen angekündigt.

Wie Karten hergestellt werden, können Sie auf Seite 9 nachlesen. Die Vorlagen finden Sie auf dem Vorlagenbogen.

Storch

- Teil 1, 3, 4 und 5 doppelt, Teil 2 einmal ausschneiden.
- Faden und Teil 2 zwischen den beiden Hälften von Teil 1 anbringen.
- Teil 3, 4 und 5 beidseitig ankleben.

Achtung! Wenn Sie einen Storch ohne Beutel basteln wollen, wird der Aufhängefaden am Kopf befestigt, bei der Ausführung mit Beutel am Körper.

SONNE, MOND UND STERNE

Dieses Mobile über dem Bett beschert himmlische Träume!

Die Figuren wurden alle an gelben Fäden aufgehängt. Das Mobilekreuz besteht aus zwei Stäben à 40 cm, die in der Mitte über Kreuz zusammengenagelt wurden.

Stern

Schneiden Sie den Stern doppelt aus, und fügen Sie vor dem Zusammenkleben den Faden ein.

Sonne, Mond

- Teil 1 einmal, Teil 2 doppelt ausschneiden.
- Teil 2 beidseitig auf Teil 1 befestigen, dabei Faden einfügen.

Beim Mond ohne Mütze wird Teil 1 doppelt ausgeschnitten und der Faden zwischen den beiden Hälften befestigt.

EIN TIERISCHER OSTERSTRAUSS

Hahn

- Teil 1, 5 und 6 doppelt, Teil 2 und 3 einmal ausschneiden.
- Teil 4 sechsmal in verschiedenen Farben ausschneiden.
- Faden und Teile 2, 3 und 4 einfügen.
- Teil 5 und 6 beidseitig aufkleben.

Huhn

- Teil 1, 4 und 5 doppelt, Teil 2 und 3 einmal ausschneiden.
- Faden und Teile 2 und 3 einfügen.
- Teil 4 und 5 beidseitig aufkleben.

Osterhase

- Teil 1, 3, 4 und 5 doppelt, Teil 2 einmal ausschneiden.
- Teil 2 nach Belieben mit Filzstiften bemalen und zusammen mit dem Faden in Teil 1 einfügen.
- Teil 3 und 4 beidseitig ankleben.
- Teil 5 beidseitig und etwas versetzt aufkleben.

Schaf

- Teil 1 einmal; Teil 2, 3 und 4 doppelt ausschneiden.
- Teil 2 beidseitig auf Teil 1 kleben, dabei Faden einfügen.
- Teil 3 und dann Teil 4 beidseitig aufkleben.

Gans und Ente

- Teil 1 und 2 doppelt ausschneiden.
- Teil 1 zusammenkleben und dabei Faden einfügen.
- Teil 2 beidseitig aufkleben.

Schmücken Sie zu Ostern einige Frühlingszweige mit diesen originellen Tieren – ob es den Osterhasen wirklich gibt?

Das Osterfrühstück schmeckt mit dieser ansprechenden Dekoration in Rot-Weiß-Schwarz mindestens doppelt so gut als an gewöhnlichen Tagen!

OSTERFRÜHSTÜCK

Wie die Tischkarten und die Stecker hergestellt werden, wird auf Seite 9 beschrieben. Die Blüte wird aus rotem und weißem Tonpapier ausgeschnitten und dann auf die Karte geklebt.

Hahn und Huhn

Anleitungen siehe Seite 16.

EIN KÜCHEN-STILLEBEN

Gans

- Teil 1 und 4 doppelt, Teil 2 und 3 einmal ausschneiden.
- Faden und Teil 2 und 3 in Teil 1 einfügen.
- Teil 4 beidseitig aufkleben.

Die vier Gänse fühlen sich in der Küche ganz besonders wohl.

AUF DEM BAUERNHOF IST WAS LOS!

Esel

- Teil 1 doppelt ausschneiden.
- Bei dem einen Teil das vordere, bei dem anderen das hintere Ohr abschneiden.
- Teil 2 einmal ausschneiden und an der oberen Linie wie auf dem Vorlagenbogen einschneiden.
- Teil 2 und den Faden einfügen.

Maus

- Teil 1 und 2 doppelt ausschneiden.
- Teil 1 zusammenkleben, dabei Faden einfügen.
- Teil 2 beidseitig etwas versetzt anbringen.

Pferd

- Teil 1, 3 und 4 doppelt, Teil 2 einmal ausschneiden.
- Teil 2 und Faden in Teil 1 einfügen.
- Teil 3 und 4 beidseitig aufkleben.

Kuh

- Teil 1, 2 und 3 doppelt ausschneiden.
- Teil 1 zusammenkleben, dabei Faden einfügen.
- Teil 2 und 3 beidseitig aufkleben.

Katze

- Teil 1 doppelt, Teil 2 und 3 einmal ausschneiden.
- Faden und Teil 2 und 3 einfügen.
- Augenhintergrund mit grünem Buntstift einzeichnen.

Schwein

- Teil 1 und 2 doppelt ausschneiden.
- Faden in Teil 1 einfügen.
- Teil 2 beidseitig aufkleben.

Hahn, Schaf und Ente

Anleitungen siehe Seite 16.

Eine große fröhliche Tierschar ist hier versammelt.

HEUTE WIRD GEFEIERT!

Wie Karten und Stecker hergestellt werden, wird auf Seite 9 beschrieben.

Frosch

- Form doppelt ausschneiden.
- Die beiden Teile zusammenkleben, dabei den Faden einfügen.
- Augenhintergrund mit gelbem Buntstift einzeichnen.

Schildkröte

- Teil 1 einmal ausschneiden.
- Teil 2 doppelt ausschneiden und mit einer Lochzange oder einem Locher die Flecken ausstanzen.
- Teil 2 beidseitig aufkleben, dabei Faden einfügen.

Großer und kleiner Drache

- Teil 1 und 3 doppelt, Teil 2 einmal ausschneiden.
- Faden und Teil 2 in Teil 1 einfügen.
- Teil 3 beidseitig aufkleben.

Ein lustiges Fest mit Drachen und anderen Viechereien ist angesagt ... und natürlich dürfen passende Einladungskarten nicht fehlen!

Itta
Karola
4 Jahre
Max
Valentin

TIERE DES WALDES

Ganz friedlich präsentieren sich hier heimische Waldtiere einträchtig und ohne Scheu nebeneinander.

Kohlmeise

Bei diesem schon fast naturalistisch gearbeiteten Vogel sollten Sie das Zwischenstück bei den Beinen mit dem Cutter ausschneiden.

- Teil 1 einmal; Teil 2, 3, 4 und 5 doppelt ausschneiden.
- Teil 2 und danach Teil 3 beidseitig auf Teil 1 kleben.
- Teil 4 beidseitig aufkleben, dabei Faden einfügen.
- Teil 5 beidseitig aufkleben.
- Gefieder mit weißem Buntstift bemalen.

Fuchs

- Teil 1 doppelt, Teil 2 und 3 einmal ausschneiden.
- Beide Hälften von Teil 1 zusammenkleben, dabei Teil 2, 3 und Faden einfügen.

Rehkitz und Hase

- Form doppelt ausschneiden.
- Beide Hälften zusammenkleben, dabei Faden einfügen.

Dachs

- Teil 1 einmal; Teil 2, 3, 4 und 5 doppelt ausschneiden.
- Teil 2 beidseitig auf Teil 1 anbringen.
- Teil 3 beidseitig auf Teil 2 kleben.
- Teil 4 beidseitig aufkleben, dabei Faden einfügen.
- Teil 5 beidseitig anbringen.

Maulwurf

- Teil 1 doppelt, Teil 2 einmal ausschneiden.
- Teil 3 zweimal doppelt ausschneiden.
- Teil 1 zusammenkleben, dabei Teil 2 und Faden einfügen.
- Teil 3 beidseitig und jeweils versetzt anbringen.

Igel

- Teil 1 einmal, Teil 2 doppelt ausschneiden.
- Teil 2 beidseitig auf Teil 1 kleben, dabei Faden einfügen.

Eichhörnchen

- Teil 1, 2 und 3 doppelt ausschneiden.
- Teil 1 zusammenkleben.
- Teil 2 beidseitig auf Teil 1 kleben, dabei Faden einfügen.
- Teil 3 beidseitig etwas versetzt ankleben.

DIE QUELLE DER WEISHEIT ...

... sind Bücher. Die Eule als Symbol der Weisheit eignet sich daher besonders gut für Lesezeichen. Doch auch auf Karten und als Anhänger kann dieser Nachtvogel sich sehen lassen – nicht nur für Leseratten und Nachtaktive!

Wie Lesezeichen und Karten hergestellt werden, wird auf Seite 9 beschrieben. Die Vorlagen finden Sie auf dem Vorlagenbogen.

Eule

- Teil 1 und 2 einmal; Teil 3, 4 und 5 doppelt ausschneiden.
- Teil 2 auf Teil 1 kleben, dabei den Faden einfügen.
- Teil 3, 4 und 5 anbringen.

Zum
Geburtstag
alles Liebe

WEIHNACHTSZEIT

Alle Motive sind auch als Geschenkanhänger sehr gut geeignet! Wie die Karten hergestellt werden, wird auf Seite 9 beschrieben. Die Vorlagen finden Sie auf dem Vorlagenbogen.

Weihnachtsmann

- Teil 1, 2, 3, 4 und 5 einmal, Teil 6 und 7 doppelt ausschneiden.
- Teile 2, 3, 4 und 5 in Ziffernfolge aufbringen.
- Teil 6 beidseitig aufkleben, dabei Faden einfügen.
- Teil 7 beidseitig aufkleben.

Den Ausschnitt der Passepartout-Karte habe ich mit goldfarbenem Kreppapier hinterlegt.

Tannenbaum

Teil doppelt ausschneiden und beim Zusammenkleben den Faden einfügen.

Nikolausstiefel

- Teil 1 einmal, Teil 2 doppelt ausschneiden.
- Teil 2 beidseitig auf Teil 1 kleben, dabei Faden einfügen.

Die Anleitungen zum Schaukelpferd finden Sie auf Seite 30, zum Teddy auf Seite 13 und zum Stern auf Seite 15.

Überraschen Sie Ihre Lieben doch einmal mit selbstgebastelten Weihnachtskarten oder einem originell geschmückten Baum!

Schaukelpferd

Abbildung siehe Seite 29.

- Teil 1 und 4 doppelt, Teil 2 und 3 einmal ausschneiden.
- Teil 2 wie auf dem Vorlagenbogen gezeigt einschneiden und zusammen mit Teil 3 und dem Faden einfügen.
- Teil 4 beidseitig aufkleben.

HIMMLISCHE WEIHNACHTS-GRÜSSE ...

... sendet der Engel auf Karten oder als Geschenkanhänger.

Engel

- Teil 1 einmal; Teil 2, 3 und 4 doppelt ausschneiden.
- Die beiden Hälften von Teil 2 beidseitig auf Teil 1 kleben, dabei Faden einfügen.
- Teil 3 beidseitig auf Teil 1, Teil 4 beidseitig und etwas versetzt auf Teil 2 kleben.

PROSIT NEUJAHR!

PROSIT NEUJAHR!

Abbildung siehe Seite 31.

Lauter kleine Glücksbringer erleichtern den Start ins neue Jahr. Und wem wünschen Sie mit diesen Anhängern alles Gute zum Jahreswechsel?

Schornsteinfeger

- Teil 1, 4, 6 und 9 doppelt; Teil 2, 3, 7 und 8 einmal ausschneiden.
- Teil 5 zweimal doppelt ausschneiden.
- Je zwei Arme (Teil 5) zusammenkleben, dabei jeweils Teil 6 einfügen.
- Teil 1 zusammenkleben, dabei Kopf (Teil 3) und Beine (Teil 2) einfügen.
- Teil 4 (Haare) beidseitig am Kopf befestigen.
- Arm (Teil 5 und 6) auf eine Seite kleben, dabei die Leiter (Teil 8) einfügen.
- Arm auf die andere Seite kleben, dabei den Besen (Teil 7) einfügen.
- Hut (Teil 9) beidseitig aufkleben, dabei Faden einfügen.

Maikäfer

- Teil 1 einmal, Teil 2 und 3 doppelt ausschneiden.
- Teil 2 beidseitig auf Teil 1 kleben.
- Teil 3 ebenfalls beidseitig aufkleben, dabei Faden einfügen.

Pilz

- Teil 1 einmal, Teil 2 doppelt ausschneiden.
- Mit einer Lochzange in Teil 2 unterschiedlich große Löcher stanzen.
- Teil 2 beidseitig auf Teil 1 kleben, dabei Faden einfügen.

Marienkäfer

- Teil 1 einmal, Teil 2 doppelt ausschneiden.
- Fühler in Teil 1 einschneiden.
- Beide Hälften von Teil 2 aufeinanderlegen und mit einem Locher die Punkte ausstanzen.
- Teil 2 aufkleben, dabei Faden einfügen.

Schwein

Beschreibung siehe Seite 20.